बन्द अधरों से

बन्द अधरों से

डॉ. अरुणा ढेरे

अनुवाद

डॉ. रामजी तिवारी

वाणी प्रकाशन

वाणी प्रकाशन
ज्ञान के विविध आयामों के प्रकाशक

वाणी प्रकाशन का 'लोगो' विख्यात चित्रकार मक़बूल फ़िदा हुसेन की कूची से

वाणी प्रकाशन, 4695, 21-ए, दरियागंज, नयी दिल्ली-110002
वाणी प्रकाशन, अशोक राजपथ (पटना कॉलेज के सामने), पटना (बिहार)

BAND ADHRON SE

by Dr. Aruna Dhere

Translated by Ramji Tiwari

Collection of Poems

ISBN : 978-93-5000-221-6

महाराष्ट्र राज्य हिन्दी साहित्य अकादमी
के सहयोग से प्रकाशित

प्रथम संस्करण

मूल्य : 250/-

वाणी प्रकाशन

फोन : 0091#11#23273167, 23275710

फैक्स : 0091#11#23275710

वेबसाइट : www.vaniprakashan.in

ई-मेल : vaniprakashan@gmail.com

vani_prakashan@yahoo.com

आर. टेक ऑफसेट प्रिंटर्स द्वारा दिल्ली-110095 में मुद्रित

अनुक्रम

प्रच्छन्न और भयानक

जान की बाजी लगाकर बड़ी साध से ली हुई
कोई बहुत ही कोमल चीज
अचानक टूट जाय
वैसे ही टूट गया, हाथ आया पल
अचानक मन को लगा गहरा धक्का।

तू अपने ही खयालों में डूबा हुआ
संत्रस्त, अशांत काली छाया में डूबा
आँखों की ज्वाला से उठने वाली भाप
शांत हो गई

जरा से झुके हुए कंधों की आकृति में
एक समझदार नाराजी समाहित है
मैं भी अब रही नहीं पहले जैसी
बात-बात पर लड़ने वाली
देखो मैंने भी कैसे
पल के टूटे काँच को
उठाकर फेंक दिया

परस्पर की यह नित्य बढ़ती कटुता
सहन नहीं होती अदरक और लहसुन की तरह।
कितना निरुपाय और कितना सुविधाजनक
हाथ से छूटा और टूटा हुआ पल

अचानक ध्यान में आता है
अपने संयोग का अप्रत्याशित परिणाम
समय से आवृत्त
कितना प्रच्छन्न और कितना भयानक।

आ

आ जा।
किसी पराभूत और उदास योद्धा जैसा
अकेला वापस न जा।
तुम्हें ऐसा लगता है क्या, कि लड़ाई
सचमुच समाप्त हो गई है
उन्होंने पाप समझकर जिसको
अपने से अलग किया
उसके साथ कितना पुण्य था
तलवार उठाकर नाचते और जयघोष करते
आगे निकल गये जो
उनके साथ न न्यायनीति थी न ही विजय
और सत्य तो किसी गाभिन गाय की तरह
मौन, मासूम आँखों से देखता हुआ
अनाथ बनकर यहीं पर खड़ा था।
अब तू आ
बाँधने दो घावपर पट्टी, पोंछने दो रक्त
मेरे हाथ से घूँट भर पानी तो पी लो
करो मत शंका, मैं बँधी नहीं किसी से भी
यह इतनी हरी भरी खेती केवल मेरी है
बहुत कुछ यहाँ का समा गया है मुझमें ही
किन्तु जो कुछ शेष उसे शपथ है पृथ्वी की
शायद तुम्हें चाहिए आश्वासन निरंतर का
तो आँखें करो बंद और याद करो

पहले देखी उस गाय की आँखों को
आ जा
इस तरह उदास और एकाकी खड़े मत रहो
यह लड़ाई और भी कठिन है
प्यार को वंचना को मिटने और बनने को
झोंक दो
आगे-पीछे मत देखो
आ जा।

श्रद्धा के अभाव में

बाती को पूरते और घी में डुबोकर रखते समय
गीता के श्लोक गुनगुनानेवाली माँ के चेहरे पर
अनेक बार देखा है एक आस्थामयी प्रकाशमान श्रद्धा
जिसकी काँपती परछाइयाँ अनजाने ही सरक गईं
और अब तो गर्मी की दोपहर
और आम के पेड़ पर जगमगाती धूप
इतना ही संभव है मनुष्य की राहत
यह स्वयं को समझाने का समय निकल गया
डाली के लाल-लाल पके जहरीले फल पर
चोंच मारता है पंछी
और तड़पता हुआ नीचे गिर जाता है
यह पेड़ यहीं से उगा और बढ़ा है
यह मिट्टी को पता नहीं है क्या?
किन्तु उस मुट्ठीभर निर्जीव सुख पर
आवेग से स्वयं को छुपा लेती है
वह स्मरण करती है गहन और तीव्र जन्म देने का समय
और गहरे में मरने की यातनाएँ
जो इसी जमीन में अन्ततः मिल जाती हैं।

कुछ समझ में नहीं आता

मैं भूल नहीं पाती अपने मिट्टी के पाँव
परन्तु जीवन का विश्वास
रिस रिसकर छीजता जाता है
मैं कहूँ भी कि तुम उदार हो
किन्तु तुम पर उतनी प्रगाढ़ श्रद्धा नहीं है
मत्था टेकने को कहूँ तो उसमें भी
पूरी श्रद्धा नहीं है
श्रद्धा के बिना तो तू भी जन्म नहीं लेता
ऐसी स्थिति में क्या करूँ
कुछ समझ में नहीं आता
कुछ समझ में नहीं आता

मत कहो

कल जो नंगी तलवारें नचाते आये थे
वे कौन लोग थे?
अभी जिसकी मसें भिन रही थीं
वह जवान लड़का कंधे पर भारी बंदूक
और हाथ में मशाल लेकर
गला फाड़कर लगा रहा था नारे
वह गर्म खून को बर्फ बना देनेवाली रोने की आवाज
कौन थे वे बच्चे और कौन सी भाषा बोल रहे थे?
मत कहो कि कभी इन व्यक्तियों के हाथ खेती बारी में लगे थे
लहराती फसलों पर ममता से कभी फेरे थे हाथ
ये भी थे कभी छोटे बच्चे
माँ की छाती से मुँह लगाए चक-चक दूध पीते थे
और इनके पाँवों से भविष्य की पायल की रुनझुन आवाज आती थी
संबंधियों के संरक्षण में पवन और पानी से
पले थे इनके शरीर।
इनकी ओर देखते हुए समय के सिकुड़े चेहरे पर
मलाई जैसी चिकनी सुख की धूप छा गई
मत कहो मेरे घर के आस-पास यह कैसी आग
मौत का कैसा दरवाजा
एक तरफ सिलो तो दूसरी ओर फट जाती है
ऐसी है यह जिंदगी
एक दिन उसमें टाँके लगाने बैठी तो पड़ोसिन ने आँखें पोंछी थीं
वह दरवाजे पर आये तो उससे कैसे पूछूँ

कहाँ ग़या तेरा राम? गोविन्दा कहाँ गया?
चूल्हे पर रखा हुआ कटोरी पर चावल भी
उसके सामने रखने का साहस मुझमें नहीं
मत कहो तलवारें नचाने वाले बच्चे कौन थे?
किसकी औलादें थे?
कौन सी भाषा बोलते थे?

छीजता पुण्य

बाढ़ के साथ बह जाती है पूरी बस्ती
या बिजली के गिरने से जल जाता है
खड़ा का खड़ा आदमी
यह विनाश लीला होती है कितनी सीधी और स्पष्ट
इसके कार्य-कारण भाव होते हैं कितने सहज और साफ
मैं यह सब व्यंग्य या दुख से नहीं कह रही
किन्तु जिन शब्दों से प्रवाहित होता है अपार दुख
उससे लगता है किसी मानवीय मूल्य का
विदीर्ण हो गया है हृदय
वैसा कोई शब्द मेरी भावनाओं को अभी तक
नहीं मिला।
चुपचाप सहन करती हूँ भीतर का तूफान
और अटल विनाश
बढ़ती उम्र के साथ समाप्त हो जाने वाली
मासूम चीजों के चुपचाप दुख मनाती हूँ।
बीतते समय के प्रवाह में बह जाते हैं
जाने कितने ही कोमल संदर्भ
ऊँचाइयों को छूनेवाले संदर्भ टूटकर ढह जाते हैं
जैसे ढल जाती बूढ़ी वेश्या अकेले में
समय की धारा के कुछ रसमय, ऊर्जावान
मोहक सपने और अटल विश्वास
देखते-देखते मिल जाते हैं जमीन में
मैं चुपचाप सहन करती हूँ इस क्रूर विनाश को

एक अदृश्य पुण्य के लिए
चुपचाप दुख मनाती हूँ।
मुझे रुचता नहीं मिट्टी जैसे किसी-किसी बल में
उगते रहना।
इस व्यापक विनाश में बचा होगा
की बच्चे सा उदीयमान संभावनाशील संदर्भ
उसे ढूँढ़कर वरण करने बल, स्वयं से ही
माँगने का मन करता है।

कविता जैसी

अगणित सौगंधों का आदान-प्रदान
करने की बहार आई है इस तपती ग्रीष्म में
डोल रही हैं पंछियों की प्रणवोत्सुक मधुर आवाजें
आदिगंत फैल धूपों के खेतों पर
और फिर एक गमक उठी
आमों के बौरों की मधुर ऊष्मा गंध
मानव के डर में भी मधुकण हैं मर गये
ऐसी मधुर वेला में सांत्वना के किनारे
नंगे पाँव बार-बार घूमती हूँ मैं
इस आशा में कि सुनाई पड़े
नौजवान लड़की के कोमल कंठ से
भविष्य का चिर प्रफुल्ल मधुर मृदुल स्वर
या दिखाई दे झूमता हुआ हरी इमली जैसा
पकता हुआ जिंदगी का विश्वास
किसी हरी-भरी ढलान पर
या फिर मैं समझ सकूँ
क्या करना है आशा भरे बीतते दिनों का
और रिक्त जीवन के आसपास आवर्तित
विपरीत ऋतुओं को कैसे झेलना है?
या फिर यह समझ पाऊँ कि
सृष्टि की परिपक्व और सरस समझ

आती कहाँ से है?
और सांत्वना के पट पर घूमते हुए नंगे पाँव
मिल जाय एकाध सच्ची सांत्वना
अपने ही भीतर की कविता जैसी

साँस घुटती है

सीने पर गिरते रहते हैं अँधेरे के पत्थर
एक के बाद एक
साँस घुटती है।
अकेले दबा हुआ, दुख भरा भाव
पीड़ा पहुँचाता है।
शब्द सारे रिक्त हैं सांत्वना से
स्पर्श में भी विश्वसनीय आधार नहीं रहता
किसी की कृपा दृष्टि से जीवन पार हो जाय
ऐसा सहारा भी पीठ दिखा देता है
अपनी ही आवाज आधारहीन हो जाती है
अँधेरा दबा देता है प्रार्थना के अर्थहीन प्रयत्न को
मूल्यों के कराहने की करुण आवाज
प्रतिध्वनित होती है सारी दिशाओं में
कितनों को बाँटे पड़ी होंगी ऐसी क्रूर रातें?
लड़ते होंगे वे वार भी होते होंगे
किन्तु धमनियों में प्रवाहित एकाकीपन का
असहाय भय कभी न कभी तो
प्राणों के आस-पास
संदर्भहीन बर्फ सा जम जाता होगा
बचपन माँ ने आँचल से ढँका था
उन नील कमलों की नींद कहाँ गई होगी?

कहानी

कहानी का तरुण प्राण
घने बांसों के द्वीप के पास जाय
और "मैं आऊँ" कहकर कोई पुकारे
उसी प्रकार प्रीति के निर्जन द्वीप से
हरी हरी मीठी-मीठी आवाज आयी
पहले तो डरी किन्तु फिर खिंचती गई
मन ने कहा, हाँ कह दो
पीछे मुड़कर देखने की जरूरत नहीं
कदम उठाओ
राह देख रहा होगा कोई निगूढ़ धन
कह दिया 'आओ"
और उसी समय कुंडली मारकर बैठा
फुफकारता वासना का विषधर
लपककर आया।
पाँव से सिर तक लपेट लिया
अब अपना फन मुँह के सामने करके
आँखों में आँखें डालकर
वह काला भुजंग झूम रहा है।
कहानी का अंत क्या होगा?
अभी इसे कौन बता सकेगा?

अवशिष्ट

एक समय की वह
असीम अँधेरे से माप तौलकर निकाली गई रति धुंध
सुबह के लाल केसरी प्रकाश के पास झुकी हुई
लहराती सार्वभौम अस्मिता उन्मत्त पवन के
साथ प्रवाहित
और उसके संस्पर्श के लिए
कुतूहल के वशीभूत उसकी जीवनेच्छा
उसके रक्त की गर्मी से उफनती लालसा
का उतार
कितने युग बीत गये इस प्रसंग से।

आज उसके सामने चुपचाप वस्त्र उतारते हुए
वह ढूँढ़ती है देह और मन पर
देवताओं से दी गई पुराने घावों की सांत्वना
युगों के मात वन से पीछे हटते हुए
एक एक संदर्भ की परछाईं के लिए
सिसकता रहता है उसका मन

बहुत समय बाद वह समझ सकी है
उसके और उसके बीच के संबंधों
अब तक अवशिष्ट दो बातें–

एक उसके संपूर्ण अहंकार का सौन्दर्य
और दूसरी
उसके बायें जंघे पर सर्वशरण तिल
छोटा सा नितांत निरुपाय।

एक बार सचमुच

कभी कभी लगता है मुझे
कि दिन और रात की संधि वेला पर
आएगी घनघोर वर्षा
बैठ जाएगी सारी धूल, सारी गड़बड़ नीचे।
स्वच्छ आर्द्र अंधेरे में मैं फिर से बनूँगी
हल्की उत्कट और आर्द्र
और समझ सकूँगी तारों के कोमल संकेत
लगता है सचमुच पराजय की व्यथा
निकल जाएगी दूर
सुधियों के शरीर से दूर हो जाएँगी
आत्म व्यथाएँ
कपूर की ज्योति बनकर उजाला देंगे
आस-पास से अपने सहारे
सचमुच ऐसा ही होगा
मित्रों के स्नेह से जैसे हम असीम थे
बाहर और भीतर से
उसी तरह जिंदगी असीम हो जाएगी।
कभी कभी सचमुच ही लगता है मुझको
शब्दों की सीमा पर कुछ तो मिलेगा
एकदम अपना जैसा
और कोई देवपुरुष आकर साथ देगा अपना
स्वयं को पीछ छोड़कर
कभी तो
आगे ही आगे जा सकेंगे।

क्या आगे जा सकते हैं?

जाऊँगी सचमुच क्या कभी आगे?
आगे?
अर्थात् कहाँ?
पीछे?
टकराते-उछलते
टूटते फूटते
पिघलते-घुलते
रहते-रहते
पीछे
एकदम पीछे
अँधेरा और उजाला
है भी या नहीं
इससे भी पीछे
जहाँ जन्म लेते हैं सब
उससे आगे और आगे
जा सकते हैं क्या?
सचमुच?
आगे?

अकस्मात

वर्षा धो देती है जिंदगी पर जमी धूल
और बड़े से आवृत किया गया था
सबके सामने खुला हो जाता है

बिजलियाँ चमकती हैं
हवाएँ लपेट लेती हैं गील दुख को
कोई पीली तितली लगाती है फेरा
आँखों में तत्क्षण ही पानी भर आता है।

वर्षा पहले उठाती है जिंदगी पर जमी धूल
और अतीत की नीचे की मिट्टी
साफ साफ दिख जाती है
विस्मृत हुए छोटे-छोटे पल
फिर से याद आते हैं
रास्ते की अनस्पर्शित अक्षत घास की तरह
विस्मृत बातें नई होकर चमकती हैं
अपना बहुत पहले का भूला मन
अकस्मात मिल जाता है
वर्षा धो देती है जिंदगी पर जमी धूल।

बीज

आज इस गीली गाढ़ी वेदना को लपेटे
मैं शब्दों के भीतर गहन अंधकार में
पहुँच गई हूँ।

कहाँ से कहाँ पहुँच जाते हैं
उगते हैं और बढ़ते हैं
जीवन की काया पर
नये-नये उगे काँटों का
अनुभव होता है
भीतर ही भीतर शक्ति
अर्जित करते हैं।

बार-बार स्वयं को समझाती हूँ
और कीचड़ में पड़े बीज की तरह
शब्दों के तल से फूटती जा रही हूँ।

अपने बोझिल मन के नीचे

टूटे हुए संवादों का बोझ ढोते हुए
मन में तनाव आ गया
और जीवन को फिर से रंगीन करने के
सारे उपकरण
कभी न लौटने वाली राह पर उड़ गये।

किसी पुराने भरोसे की तरह
तू द्वार पर आता है
नूतन अंकुरित शब्द तुम्हारे पास
निष्पाप समर्पकता से मेरी मिट्टी का हो जाता है

यदि तुम नहीं लाँघते मर्यादा की कोई रेखा
तो भी संकोच न हीं हुआ तुम्हें मुझसे
मेरे स्त्रीत्व से
मुझे पता है तुम्हारा उद्धत समर्थ स्वभाव
उगने का, अहेतुक होने का, सहजता का।

तुम्हारे पास नहीं होती कोई सांत्वना
मुझे देने के लिए
और न ही होता है कोई खुशगवार
आश्वासन।
होते ही केवल तुम

मैं जानती हूँ
मेरे बोझिल मन के नीचे
तुम्हारे ममत्व की छोटी कनिष्ठिका
सदैव ही दबी रहती है।

बाँझ

सुख की दंतकथाओं की तरह
धूप की चमक को आँखों में बसाए दिन
बहुत सँभालकर रखे अपने शब्दों में
कागज पर कुछ भी नहीं जाता
और भुलाया भी नहीं जाता।

दीप विहीन को सहमी सी शाम सी
मैं फैल रही हूँ सर्वग्रासी अंधकार के लिए
चुपचाप और निरुपाय
तब काले पत्थर जैसे जड़ वर्तमान पर
पड़ती रहती है
सर्दी के मौसम के कठोर और सुदृढ़
पैरों की थाप

वैसे मौसम के साथ खिसकते रहने वाले
गड़ेरियों के डेरों की तरह
सरकते भी नहीं बनता अपनी जड़ें उखाड़कर
चले जाना किसी उपजाऊ जमीन पर
और रोका भी नहीं जा सकता किसी विनाश को
बदली भी नहीं जा सकती कुहासे में खोई
राह की दिशा
और चल पाना किसी निश्चित दिशा की ओर
ऐसा भी नहीं कि आहत मनुष्य की अवस्था

किसी को ज्ञात नहीं
या शब्दों में समेटकर
मन की आड़ में पलनेवाले स्वप्न
फिर भी कागज का बाँझपन
भुलाया नहीं जा सकता।

कहाँ उतर गये हो?

कहाँ उतर गये हो तुम
मेरे शब्दों से निकल जाने के बाद?
समा गये हो क्या किसी घड़े में
लबालब भरा हुआ पानी बनकर
या किसी हल की फाल से मिट्टी में जाकर
स्पंदित हो रहे हो अपने अंकुरण में
मिट्टी के भीतर।

हो सकता है कि तुम बह रहे होगे
हवा की तरह सज्जनों के सपनों के ऊपर से
या शायद
वेदना बनकर किसी मसीहा के खून में ।

मेरे शब्दों के भीतर से तुम सहज ही निकल गये
पर ऐसा क्यों किया
मैं नहीं पूछूँगी तुमसे।

किसी रिक्त आर्त गर्भाशय में
मुट्ठी मीचे सोये पड़े हो यदि तुम
तो ये सारे अर्थहीन शब्द
मैं डाल दूँगी उस गर्भवती की गोद में
और डाल दूँगी अपना यह
प्रमत्त प्राण भी।

औरतें

भरी दोपहरी में
नदी पर कपड़े खँगालती हुई
स्वयं भी निचुड़ती रहती हैं
धोने वाली औरतें,
सिसकारियाँ लेती हुई
पोंछती हैं पल्लू से अपना चेहरा
कोई यायावर पंछी बजाता है
नीली जामुनी प्रकंपित सीटी
तब ये क्षण भर के लिए
हाँकती हुई खड़ी हो जाती हैं,
गीले दुख में स्नात होकर घर लौटती हैं।

धरती की धूल के साथ ही
धधक उठती हैं औरतें, तप कर सुर्ख हो जाती हैं
उनके सुन्दर शरीर के रंध्रों से निकलनेवाली पपड़ियाँ
घरों दरवाजों पर छूटती जाती हैं
तब मध्याह्न की क्रुद्ध धूप भी
घर के ओसारे तक आकर रुक जाती है।

थकी हारी दोपहरी
औरतें विश्राम करती हैं थोड़ा सा
घर के पिछले हिस्से में

सीलन भरी अँधेरी नीद होती है
खिड़की दरवाजों से बहती है मंद मंद हवा
तब यहाँ-वहाँ हर चिनगी
बिजली बन जाती है।

संध्या के तरंगित पानी पर
उतरती है धूप की चमक
औरतें पीतल का पीली गगरियाँ बन जाती हैं
एक पर एक नदी के किनारे आती हैं
निश्चित लय में जाती हैं
निश्चित लय में आती हैं।

किन्तु रात में
आँखें भरकर चमकती काली थकान होती हैं औरतें
तब भी शांत चित्त होती हैं
उँगलियों के लिए हजारों राहें खोलती हैं
त्वचा के मध्य से
निरभ्र देह से फूटती जाती हैं

इन्हें कैसे कहें औरतें?
नन्हे-नन्हे होठों के लिए
चोली भरकर दूध हो जाती हैं
तीव्र ममता से परिपूरित
भरी-भरी बहती रहती हैं
तृप्त तड़प के साथ
केवल बहती रहती हैं
औरतें।

फूल बनूँगी

फूल बनूँगी
जड़ों के संघर्षमय वर्तमान पर
एक सम्मोहन बनकर
खिल उठूँगी।

सम्मोहित होकर मिथ्या वेदनाओं
से उपजे सुख के ढेर पर
दुख की तंद्रा का सेतु बनूँगी।

फूल बनूँगी
जन्म-मृत्यु के बीच
उसके संधि स्थल पर
झूलता खिलखिलाता
शिशु बनूँगी।

शिशु बनूँगी
भरे-पूरे पराग से शोभित
जीवंत लालसाओं से भरा
फूल बनूँगी।

प्रार्थना

जिनके पैर धरती में पड़े हैं
आत्मा आकाश की आशा में, अधर में लटकती है
जन्म के साथ ही जिनकी प्रतिबद्धता
जीविका से जुड़ी यथार्थ दलदल में फँसी है।

जिन्हें सृष्टि के साथ स्थापित करता है
एक अंतहीन संवाद
जो अपनी सहज संवेदनाओं पर
अमानवीय आघात झेलते रहते हैं।

कभी गोविन्द के पदचिह्न
अपनी छाप छोड़ेंगे, इस आशा में
जिनके हृदय विरज विशुद्ध बने हैं
और भलाई पर विश्वास करते-करते
जिनकी पूरी जिंदगी आँधी-तूफानों में गुजरी।

फल का विचार किये बिना
जो सींचते रहे पेड़ों को
उन्हें पेड़ के ही रूप में स्वीकार कर
अपने ग्रास एक अंश रखते आए
जो आँगन में
निर्भर रहने वाले पंछियों के लिए।

ऐसे हैं इसीलिए सुरक्षित हैं
हमारे स्वप्न, हमारा संसार
हमारे अस्तित्व की वर्तिका
अपने को होम करके
हम उनके लिए प्रार्थना करें।

भयभीत भाग्यलिपि

हिरन की कोमल त्वचा में
धँसे हुए कुत्तों के दाँत
वेदना से विस्फारित करुण आँखें
और बाद में बुझी हुई।

कितना और करुण होता है
सौन्दर्य का जन्म
खुली हवा में मुक्तभाव से
विचरना भी उसके लिए सरल नहीं
संध्या के मृदु-मधुर प्रकाश से मैं नहीं
कह सकती
किन्तु प्रतिदिन हताशा देखती हूँ
उसे चारों ओर से घेरता क्रूर अंधकार

लगता है देवकी के गर्भ से उत्पन्न
कोई मासूम भोलापन
किसी रक्त रंजित हिंसक पंजे में
कुचला जाता है
तब धैर्य बँधानेवाली किसी देवता की
वाणी भी सुनाई नहीं पड़ती
ऐसे में मन अपने भाल पर उभरी
भयभीत हिरन भाग्यलिपि ढूँढ़ता रहता है।

बिदाई

जिस अनिवार्यता से कोई सैनिक
अपने घर से बिदा लेता है
उसी निर्णायक ढंग से
हम भी बिदा लेते हैं
अपने अनेक प्रिय प्रसंगों से

कभी कभी सब कुछ इतना आकर्षक होता है
कि स्वयं को अलग करने का प्रयास असहह्य होता है
ऊपर की गर्द हटा देने पर भीतरी वेदना की दाहकता
महसूस होती है कि
एकाकीपन की गंध भी कितनी दुखद होती है?

फिर भी हम प्रेम को जड़ से उखाड़ फेंकते हैं
उसे बिखेर देते हैं रास्ते पर, रास्ते के पड़ाओं पर
लोगों पर जंगलों में, खाइयों और घाटियों में

प्रेम होता है कलँगी के दाने के दूध जैसा
आहाते अँखुआनेवाला धैर्यशील बीज
प्रेम प्रवाहित होता है अनायास हवा जैसा
जो बहता है घने पेड़ों के समूहों से निनादित
किन्तु रहता है अपना बनकर हृदय में।

बिदा लेनी पड़ती अपनी अनेक प्रिय बातों से
अपरिहार्य निर्णायक क्षणों में
जैसे एक सैनिक लेता है प्रेम से प्रेम के लिए
निर्णायक रूप से प्रेम को
प्रिय बातों से अलग करके।

मनुष्य मारे जाते हैं

मनुष्य मारे जाते हैं
युद्धों में दुर्घटनाओं में विस्फोटों में
झुंड के झुंड
बिना किसी अपराध के

हमारे भीतर उठता है केवल भय
या कभी बाँझ संताप और हताशा
इसे मानवी सीमा समझकर
सांत्वना भी नहीं दी जा सकती
इसे समय का प्रभाव या नियति भी नहीं कहा जा सकता
इसमें श्रद्धा भी प्रभावहीन हो जाती है

अपरिचित नहीं है हमसे मृत्यु
उसकी सर्वग्रासिता भी हमें मान्य है
फिर उसे बलात खींचके लानेवाली प्रेरणा
अपनी अनंगलता को दमित करनेवाला
दयाशून्य ऐहिकता का बोध
गले में आकर अटक जाता है
निगला नहीं जाता।

ऐसे में अपने को सँभालकर
दृढ़ता से खड़े रहने की शक्ति ही नहीं बचती
जीवन एक धीमी धड़कन बन जाता है
और विनाश के संदर्भ प्रबल हो उठते हैं
लोग यों ही कैसे निरपराध मारे जाते हैं?

लुटेरी जिंदगी से

इस लुटेरी जिंदगी से
किंतना अनावृत होना पड़ता है।

जिस जमीन से संतान जैसा प्यार किया
उसी पर हल की तरह टूट जाती हैं सारी उम्मीदें
पेट के एक ग्रास के सुख के लिए
पूरे भविष्य को गिरवी रखकर
दर भीख माँगने की नौबत आ जाती है
तब पीछे टूटा मिट्टी का टुकड़ा
विदीर्ण ह्रदय का धूलि को गलबाँही देता है
फिर कालांतर के समृद्ध मौसम में
वही अनासक्त भाव से फलता है।

खेत की कटी फसल की तरह
सभी आकांक्षाओं को घसीटकर
ले जाते समय
बाल बच्चों के जन्म के अवसर
वर्षा की बूँद की तरह पलकों की नमी
बचाये रखते हैं
परन्तु नये खून पर भी धीरे-धीरे पड़ती है
बदली हुई हवा की छाया
और पुराने कष्टों की सौगंध

अपने अपने आप भंग हो जाती है
तब नियति के झंझा में डटकर खड़े जीव
वंचना के थपेड़े से धराशायी हो जाते हैं।
बढ़ते हर कदम के लिए पर्याप्त दुःखों की
कीमत चुका कर कमाया पुण्य ही
काम आता है।
फिर भी हर क्षण गहराता कुहरा
छँटता नहीं।
और जन्म-मृत्यु का स्पर्श करती
आनेवाली खौलती वेदना की तीव्रता
कम नहीं होती।

यह सब विवशता में स्वीकारते समय
जीव डूबते आदमी की तरह घबरा जाता है
और तुम्हें मानव जाति से प्रेम है
यह क्षीण विश्वास भी घने अंधकार में
विलीन हो जाता है।
इसी तरह चलता है व्यापार
लुटेरी जिंदगी का।

युग के आक्रांत जर्जर हृदय में

युग के आक्रांत जर्जर हृदय में
मैं भी सिसकती रहती हूँ

अब त्वचा के नीचे किसी भी रक्त को
विकासशील गति के आवेश से
प्रवाहित होना नहीं आता
अब रक्तिम स्वस्थ ऊष्मा में
डूबने वाले व्यक्ति के आवाहन को
कोई प्रतिसाद नहीं मिलता
लगता है कि कोई अर्थ ही नहीं बचा है
संघर्ष में, मृत्यु में या शांति में

अब बाँझ अद्वैत पर
नहीं उठते
द्वैत के कोड़े
सहजता से नहीं पड़ते
एक दूसरे के गले में
बाँहों के हार
लगता है यहाँ के समृद्ध वीराने में
पैर रखने के लिए
ईश्वर भी स्पष्टतः
रोक रहा है।

चिरजीवी

जिस क्षण तू रखता है
अपने कपोलों को मेरे कदमों पर
गद्गद भाव से घुटने टेककर
झुककर
उस क्षण मेरा सारा अस्तित्व
जाप कर रहा होता है
'स्वामीं', 'स्वामी' कहकर
कण-कण से निकलती है
मेरे अर्पण की आभा
हे गौरांग!
उस क्षण को चिरजीवी करते
बनता नहीं
केवल इसका दुःख
चिरजीवी बना रहता है
इसीलिए प्रेम नामक यह प्रिय घाव
सदा ही चिरजीवी होकर
बहता रहता है।

सात पहाड़ों के पार

न हवा, न कोई बादल
केवल रिक्तताभरी व्याकुलता
ऐसा भी कोई होगा
आश के बिना आभास के बिना
क्या तुम इसे समझ सकोगे
सात पहाड़ों के पार से

मैं कैद हूँ वर्तमान में
इससे निकलने को कोई राह नहीं
जिस पर चलकर इस क्रूर समय को
लाँघा जा सके।
ऐसा कोई सशक्त तरुण स्वप्न
तुम्हें कभी मिलेगा क्या?

कहाँ जाओगे? कैसे जाओगे?
भूत-भविष्य में क्या खोजोगे?
जीवन की प्रकाशमणि जिसके पास है
ऐसा काल नामक दानव तुम्हें दिखेगा क्या?

बायन

खिलाकर बाँटकर अंत में तवे पर बची रोटी
गाय के सामने रखते समय
मन स्वभावतः निर्मल हो जाता है
कितनी सरलता से रख दी जाती हैं
भीतर उमड़ती छोटी-छोटी अभिरुचियाँ
जिंदगी के सामने
भरे पूरे घर में नये सुखों को
भरने के लिए

प्रत्येक अकरुण मर्यादा और अकारण संकोच के
प्रतिकार में उठा अपना हाथ
आवेश छोड़कर चुपचाप नीचे
खींच लेती हूँ।
फटी पुरानी साड़ी से उभरी देह को
जैसे तैसे ढकनेवाली तुम्हारी
सहनशील स्मृति
भरे आवेश को अवरुद्ध कर देती है

हे मेरी माँ-बहनो! किस मिट्टी की बनी हो तुम?
माणिक मोती से अपनी बेटियों के कोछ भरते हुए
किसी अबोध तृप्ति से फैलता है
तुम्हारा दुख भरा आँचल।

कम से कम मुझे तो दे दो
शांति से भरी
काली-काली छोटी-छोटी मटकियों का बायन
नहीं तो उठा लो मेरे पास से
अपने संपूर्ण स्त्रीत्व की पहचान

पल्लू बाँधकर रोज

पल्लू बाँधकर हर रोज
आपाधापी में विचरनेवाली
लड़कियों के मन में
यमुना के पानी जैसा
शायद आकर्षण रहता है
किसी अहेतुक स्पर्श से
अपने में वापस लौट आने का

कभी शाम को कदंब का
नीला पंछी चहचहाता हुआ
आसपास से गुजरता है
तब उन्हें याद आती है
माँ-भाभी के दुखों के साथ
अनजाने में लगाये गये
फेरों के गानों की

नकार के संकेत के साथ
व्यक्त स्वीकृति
और उसका अचूक संमोहन
इसी को समर्पित जिंदगी
याद आती है लड़कियों को
और बालिकाओं की आँखें

नम हो जाती हैं
पल्लू बाँधकर जीने की
आपाधापी में
झोंक देते समय
अपने आप को।

देवी

कभी न पूजने वाले घावों से
अपनी कोछ भरवाने के लिए
बार-बार अपना आँचल
फैलाने वाली नारियाँ
और उनके माथे पर चमकता
गाढ़ा लाल सिंदूर।

लगता है कि महिषासुर के रक्त से सजा
उठाऊँ अपना वही तेज धारवाला त्रिशूल
और भोंक दूँ
इनकी जन्मजात श्रद्धा का वंश बीज

किन्तु स्मरण हो आता है
मंदिर के पास बहते पानी से
अपने में समेटी
इनकी सहिष्णु जिंदगियाँ
इससे बिगड़ गया है
तीर्थों का स्वाद
चूल्हे में इनकी हड्डियाँ झोंककर
भोजन बनानेवाले मूक जीव
और इनकी अज्ञात शक्ति पर

सहजता से होने वाले युग संभव
साफ दिखाई देता है।

इनके कंकण क्वणित हाथों से नमस्कार स्वीकारते समय
मैं नहीं सँभाल सकती अपना दैवी हाथ
मन्नत माँगने वालों के आर्त चेहरे
देख नहीं सकती
सही नहीं जाती मन्नत की आर्त प्रार्थना
और अपने अमरत्व पर नित्य बरसती
मर्त्य दुखों की बूँदों को
पोंछने का साहस भी शेष नहीं है।

अपूर्ण

प्रेम करती हूँ मैं यहाँ की हर वस्तु से
यद्यपि कि मुझे जाना है उन्हें छोड़ कर
यहाँ के प्रत्येक क्षण के प्रति मैं अनुरक्त हूँ
यद्यपि उसे साथ ले जाना आवश्यक है

मैं विश्वास करती हूँ अनिश्चितता पर, परिवर्तन पर
ज़िंदगी नाम की विलक्षणता पर
मैं विश्वास करती हूँ राहों पर
राहों पर मिलनेवाले अज्ञात पर
शांति नाम के चमत्कार पर

इस तेजस्वी आकाश के नीचे
मेरा हृदय भर-भर आता है
दुख और हताशा से
क्योंकि मैं अपूर्ण हूँ
और मैं कह सकती हूँ
कि तू है।
मेरे लिए है
क्योंकि मैं अपूर्ण हूँ।

कभी-कभी

कभी कभी सहज ही मिट जाती है
नग्न यथार्थ के स्वीकारने के बाद
आने वालों दुख की कसक
स्वप्न और सत्य की सीमा पर
रात का पौधा खिल उठता है
अंधकार स्वच्छ और कोमल हो जाता है
तारों के भीतर की मधुर मृदु गूँज
अपनी रक्त वाहिनियों को सुनाई देने लगती है

कभी कभी आत्मीय जनों की
संचित सदिच्छाओं की चमकीली आँखें
सामने से और अधिक चमक उठती हैं
जिस प्रकार समृद्ध घरों द्वारा दिये गये
आशीर्वाद
किसी एकाकीपन को भर देते हैं
उसी प्रकार सारी अशांति, निरर्थकता
सांत्वना से भर जाती है।

कभी कभी आसन्न प्रसवा युवती
के चेहरे पर
दिखाई देती है माधुर्य की दीप्ति
और सुन्दर भविष्य का सतेज स्वरूप

तब मैं स्वीकार करती हूँ
फूलों के भीतर बसी सुषुप्त सुगंध मृत्यु
और उसके साथ ही
फूलों की अम्लान कोमलता।

फिर से सुहाने घन नभ बीच छायेंगे

पुलकित होगी धरा की रोमाली पुनः
फिर से सुहाने घन नभ बीच छायेंगे
उड़ेंगे हवा के साथ वे सारे नीरस दिन
धूलिसात स्मृति के नेत्र भर जायेंगे

शुष्कता मिटेगी कम होगी देह ऊष्मा भी
शपथ भरे वचनों के अर्थ भीग जायेंगे
शब्दों को कोमल अँधेरा कर लेगा आवृत
और उनमें माटी सौरभ घुल जायेंगे

दुख के अतिरिक्त कोई सृजन का विकल्प नहीं
किरण खिलेगी स्याह बादल छँट जायेंगे
जीवन की संचित पिपासा के पंख खोल
मन के मयूर निज कलाप फैलाएंगे।

जना कहे बिट्ठल से

जना कहती है बिट्ठल से
तू रोज आता है मेरी सेज पर
दुख के पेट में शांति का गर्भ
आकार ले रहा है।

जना कहती है
निर्दयी तुम्हारे देहभार के नीचे
मेरे काले कुँवारेपन की हड्डियाँ
चूर-चूर हो रही हैं

जना कहती है
साँवरे मुझे नहीं, तुम्हें शर्म होनी चाहिए
हे बिट्ठल भरे बाजार में
आज मैं तुम्हारा हाथ खींचूँगी

जना कहती है
सभी रिश्तों को लगा दो आग, डाल दो राख
मैं निर्वस्त्र हूँ तुम्हारे सामने
मुझे देह से परे देख

जना कहती है
हे पुरुष! मैं वेश्या हूँ
और मुझ जैसी वेश्या की कोख
तुम्हारे पाप से फलित होती है
इसे ठीक से समझो।

मृण्मयी वेदना के कलश में

यों ही मैं नष्ट नहीं हो जाऊँगी
यदि संभव न हुआ फूल बनकर जीना
तो दृष्टि से ओझल, सुगंध बनकर रहूँगी
बाती को बुझाने यदि आता है काल का झोंका
तो नींद के स्वप्नों का प्रकाश बनकर रहूँगी
स्मृति बनकर क्षण-क्षण आगे बढ़ती रहूँगी
मृण्मयी वेदना के कलश में गर्भजल बनकर रहूँगी
कभी आऊँगी भीगकर किसी किसी के सुखों के साथ
मिट्टी के नीचे की सम्मोहित नमी बनूँगी
कलेजे के पास रचनात्मक शब्द बनकर देखूँगी।

छोरी सँभलकर आ

छोरी सँभलकर आ
अपने रुनझुन पाँवों का झूला रोक दो
आम की हरीतिमा से क्रीड़ा करती धूप-छाँव
परे हटाते हुए
मंजरियों से लदी तुलसी की
शीतलता के निकट बैठो
आ
तुम्हारी आँखों में चमकता काजल
और आयत आँखों में उतरा आकाश
अपने स्वर्णिम आनन्द सँवार कर रख लो
क्षण भर
क्योंकि बाद में तो वह सब...
किन्तु वह बाद की बात है

अभी तो तुम फैलालो अपने रंगीन तलवे
उँगलियों पर चढ़नेवाली माणिक धूप के लिए
छोड़ दे अपना गुनगुनाता हृदय
अनचाही हवा की निर्भ्रांत एकान्त तान पर
क्योंकि बाद में वह सब...
खैर वह बाद में

आ
अभी प्रतीक्षा करो
भरी देह के पड़ाव पर
तेजस्वी बलवान भविष्य की
दुखदायी, पूरी तरह झकझोर देनेवाले
चूर-चूर कर देनेवाले
काल के भारी भरकम पाँव
तुम्हारी ओर आने से पहले
अपने चंचल स्वप्नों पर सवार होनेवाले
भविष्य की तू प्रतीक्षा कर
आ छोरी सँभलकर आ।

युद्ध से भी अधिक प्राणान्तक

युद्ध से भी अधिक प्राणान्तक होते हैं
युद्ध के बाद आनेवाले दुख
युद्ध के बाद जो अराजकता घटित होती है
उसका कोई अर्थ नहीं होता
जन्म और मृत्यु संदर्भहीन हो जाते हैं
जीवन से अरुचि हो जाती है
मनुष्यों से प्रेम करनेवाला कोई ईश्वर है
इसका विश्वास नहीं होता
जीवन शत्रु बन जाता है
भग्न हृदय से भय का झरना फूटता है
काल के प्रवाह की कोई सीमा नहीं रहती

किन्तु तुम तो विनाश के इस शोर शराबे से मुक्त
आश्वस्त होकर शांति से सो रहे थे
तुम्हारा सिर मेरी गोद में सुरक्षित है
परन्तु तुम्हें ढकनेवाला मेरा आँचल बहुत छोटा है
इतना कि उससे छोटा वस्त्र संसार में न होगा
इसका मुझे पूरा बोध है

युद्ध शब्द अपनी सारी संभावनाओं के साथ
तुम से बहुत दूर रहे
उसकी आँच तुम्हारी प्रतिष्ठा और अस्मिता को
छू भी न सके

तुम्हारी गहन निष्पाप संवेदनाओं
और मनोरथों का क्षेत्र
विनाशलीला से अनस्पर्शित ही रहे
किन्तु मैं जानती हूँ
मेरी इस विकल इच्छा का कोई विशेष अर्थ नहीं है

मेरी आत्मा से उच्चरित
पहिली प्रार्थना की तरह अनगढ़ बच्चों
इस झंझावाती जगत के
प्रलयंकर अनुभवों को स्वीकारना
तुम्हारी नियति है
परन्तु तुम सदा ही बने रहो
अपने आप में सहृदय
और मेरी तरह के सभी पराजितों के लिए
अपनी संवेदनाओं के साथ गतिशील रहो
युग युग भटकते प्रेम-पथिकों के लिए
तुम अपने दरवाजे खुले रखो
मृत्यु के गले में बसती है जन्म की प्यास
इसे हमेशा स्मरण रखो

निश्चित है यदि संघर्ष तो सृजन के पक्ष से लड़ो
और यदि कहीं तुम्हें मिल जाय
युद्ध से पीठ फेरकर भागा हुआ ईश्वर
तो मेरी ही तरह की
प्रत्येक माँ की व्यथा स्मरण कर
उसके गुनाहों को
उसी पर थोप देना।

पुरुष होने का आरंभकाल

शिशुता में अलसाया
तुम्हारे पुरुषत्व का आरंभ
कितना सुन्दर है?
अकारण आक्रामकता से अपरिचित
एक दयालु मनुष्य
तुमने अपने हृदय में
मजबूती से बाँध रखा है

फूलों के खिलने और पीले पत्तों के झरने
का अधिकार सुरक्षित रखने के
अवकाश की तुम्हें आवश्यकता है
वर्तमान क्षण की विशेषताओं को
स्वीकार करके बहनेवाली हवा की
तुम्हें जरूरत है

अपने भीतर के प्रभंजन की
आहट तुम सुन रहे हो
तुममें छुपा पशु मुक्त होने
के लिए लालायित है
किन्तु ऐसे समय में
तुम आँखें मींचकर कहते हो
सुख का स्पर्श सीधे प्राणों में उतर आए
और संपूर्ण अस्तित्व दयाधन के हास्य की तरह

आलोकित हो उठे
अभी भी तुम्हें विश्वास है
शब्दों की सजीवता में
संवाद की शक्ति में
मेरा मन भर आता है
तुम्हारे लिए घुटने टेककर प्रार्थना
करने के लिए यह उपयुक्त क्षण
सूने मन में भाव हीन गीत पंक्ति लहराती हैं
और भर जाता है
संपूर्ण स्वत्व
एक तरल आवेग से।

ऐसे ही तुम्हारा पौरुष अब व्यक्त हो जाय
जीवन के सशक्त कोमल दुखों के कारण
तुम्हें भय न हो घोर यथार्थ का
तुमने हृदय में बिठाया है जो दयामय मनुष्य
वह तुम्हारी संगति में
चिरजीवी हो जाय।

किसी संस्कृति की आत्मा

किसी पुरातन संस्कृति की आत्मा
बहती है कभी सनातन नदी बनकर
अपने तात्कालिक मोड़ों और ढलानों
से बहते हुए जब शाम को घाट पर
जलती हुइ धूनी के पास
किसी बैरागी के पैर शिथिल हो जाते हैं
तब ध्वस्त एकान्त शिव मंदिर में
निराश्रित की प्रार्थना समान अंधकार
अपने आँसू सँवारता है।

चारों ओर जीवन सरस होकर फूट पड़ता है
जब घंटियाँ बजाते निकलती हैं
बरातियों की बैल गाड़ियाँ
युवतियों के हृदय अस्त होती धूप में
गीत बनकर गुनगुनाते रहते हैं
अपनी रंग बिरंगी पगड़ियों के तुर्रे
फहराते हुए गाँव के इस मेले में
जीवन का झूला झूलते
जीवन के बिन्दु पर आगे-पीछे
पेंग भरते लोग
अपनी थकान भूलकर
सीटियाँ बजाते हैं

जब कोई माँ
अपने बच्चे की पेट की भूख को
भुलाने के लिए
रोमांचक दंत कथाएँ सुनाती है
तब संस्कृति होती है।
जब कोई वृद्धा
अपनी फटी-पुरानी साड़ी से गुदड़ी बनाती है
अथवा अपनी सहनशीलता की आँच देकर
अंधकार और अपने हृदय को
बाँस की खपच्चियों के साथ बुनती है
तब संस्कृति और कुछ न होकर
उसका ममता भरा मन ही होती है
और नाक की नथ चमकाते हुए
उसकी तरुणी पुत्रवधू पकड़ाती है
अपने चंचल बच्चे ओठों में
अपने दूधभरे स्तनों को।

किसी संस्कृति की आत्मा जब
पत्थरों के नीचे शीलन भरे
अंधकार में कैद नहीं होती
तब वह सहज ही स्पंदित दिखती है
सृष्टि के संवादी, सार्थक और सुन्दर
कार्यों में,
किसी भी साधारण मनुष्य के
सत्वशील हृदय में
संस्कृति जीवन्त और स्पंदित रहती है।

प्रेम अर्थात्...

जब धूप अधपकी इमली का स्वाद
और शहद का रंग देती थी
वे दिन बीत गये
अपने ही हृदय की गिरि कंदरा में
टकराते हुए क्षत-विक्षत, रक्त स्नात
उदासी की गहन अंधकार भरी खाई में
धीरे-धीरे ओझल हो गये।

करकराते हुए बंद हो गये
संवादों के दरवाजे
तब हृदय ने दहलाने वाली चीत्कार की
वह भी किसी शुभेच्छा तक नहीं पहुँच सकी
कड़वी हवा बहती रही, धूसर संदेह फैलते रहे
उन्होंने धूप को निगल लिया
और लंबी छायायें बढ़ती रहीं।
प्रलय से पहले स्वप्नों के सहारे तैरनेवाले हम
वे दिन लद गये
शोक करने से क्या वापस आ सकेंगे?
प्रेम को काल की सूँड़ से श्रीहरि के लिए
तोड़ा गया कमल समझो
जिससे दुख के घड़ियाल द्वारा
त्वचा में धँसाये तीखे दाँत
धैर्य के साथ स्वीकार कर पायेंगे।

रिश्ता

चीखते नहीं बनता
घोषणाएँ हास्यास्पद लगती हैं
साग्रह प्रतिपादित हमारा तत्वज्ञान
कालान्तर में निरर्थक प्रतीत होता है
अपने लिए।

किसी धारणा को पैरों के नीचे दबाकर
भीड़ में स्थिर होने के पहले ही
पट्टी सरक जाती है।
उत्साह समाप्त हो जाता है
हाथ आए उलझन भरे सूत्र पर
अकल्पनीय भार पड़ता है।
वह छूट जाता है, टूट जाता है।

इसके अतिरिक्त बने रहते हैं आस-पास
संभ्रम, छलावे, कोलाहल
निश्चित रूप से किसी एक छोर पर
हम नहीं चाहते यों ही उतरना
फिर अपने पीछे शेष रह जाता है
परंपरा के साथ अपना रिश्ता
किसी मूक विद्रोही बेटी की तरह।

प्रवास

बढ़ती आयु के रास्ते में
धीरे-धीरे विरल होते जाते हैं
हरी भरी संवेदनाओं की लहलहाती
घास के मैदान
मन के जंगली फूलों की उग्र गंध के
उष्ण रंग श्वास पिघल जाते हैं

रक्त के गहरे लाल रंग के आवेगों के प्रपात
धीरे-धीरे क्षीण होकर
पहाड़ पर उसके केवल तीक्ष्ण भूरे चिह्न
बहते हैं, दरकते हैं।

उम्मीदों के ऊँचे घन सरसराते पेड़
पीछे छूटते जाते हैं
मानो जमीन के नीचे आर्द्रता कम हो गई
उसी तरह आशा की जड़ें शुष्क हो जाती हैं

सुनाई नहीं पड़ता
ऋतुओं का झंकृत नाद
हवा म्लान होती जाती है

समाप्त होती जाती है
नई इच्छाओं की जोताई की संभावना
स्वयं को पुनः अंकुरित करने की
आशा मिट जाती है

सारा निश्चल आकाश
समझदारी के अधीन हो जाता है
बढ़ती उम्र की राह पर

वर्षा का आघात

वर्षा आघात करती है हिंसक आवेग से
दुख से तड़पती मिट्टी पर
बस्ती में घुस रहा है वेदनामय,
थका हुआ अमानवीय अंधकार
मेघों के काले घेरे में खोया हुआ चाँद
प्रतीक्षा से थकी हुई अशक्त रात।
बंद खिड़की के रन्ध्र से
देखती हूँ मैं बाहर
टूट कर ढहती जिंदगी
मैं अकेली हूँ
बंद
और पास ही पड़ा है
भरा हुआ काल
अरे कोई आ ओ
और इस मृत काल को
यहाँ से उठा लो
क्योंकि मैं जीवित हूँ
अभी तक।

मेरा मित्र

यह सुनते ही हँस पड़ोगे तो मर्द बनोगे
सपनों को पकड़ने के लिए दौड़ोगे मेरे लिए
तो प्रेमी बनोगे
समझ पाओगे शब्दों के अन्तराल का अर्थ
धड़क रहा है मेरा कलेजा
तो फिर तुम क्या बनोगे?
स्वप्न ही बनोगे तो परमेश्वर बन जाओगे
हाथ में हाथ दोगे तो पति बन जाओगे
और यदि चलोगे मेरे साथ
उस प्रकाशमान हँसमुख सपने की ओर
यह जानकर कि वह हाथ आए या न आए
परन्तु अपरिहार्य है मेरा प्यार
मेरा गिरना, हाँफते हुए दौड़ना
और मेरा विश्वास कि मैं स्वयं ही लड़ सकता हूँ
तो फिर तू कौन होगा?
मित्र होगा, मेरा मित्र।

नीले पारदर्शी अंधकार में

तुम्हारे नील पारदर्शी अंधकार में
नाचती रही भजन यात्रायें सारी रात
वह रात अट्ठाईस युगों जितनी दीर्घ थी
साँझ की मृदंग सा मुखरित हृदय
काल के प्रवाह में आज भी सुनाई पड़ता है
आज भी महसूस होती है
स्निग्ध पाषाणी श्रद्धाओं की गंध नासिका में

तुम्हारे पास आकर ही समाप्त होते थे सभी मार्ग
अभावों का रंग हीरे-मोती सा चमकता था
नाम जप की नौका में बैठकर
बाधाओं के दुर्गम प्रवाह पार किए जा सकते थे
प्राणों की काठी पर क्षत-विक्षत जीवन के
ध्वज लहराते थे

तुम हो! इसी विश्वास से
लोग भूल जाते थे जन्म की पंगुता को
सूखे बंजर खेतों में आशा के हल चलाते थे
तुम सब कुछ देख रहे हो इस आशा से
सदियों से अपने सिर पर अन्याय झेल रहे थे
बिना किसी शिकायत के गहरी साँस छोड़ते थे

वह रात बीत गई 'विट्ठल' बीत गई
हे मेरे नीले अंधकार के देवता
इस नये दिन के कल्लोल में तुम्हारा स्थान कहाँ?
अट्ठाईस युगों तक निःशंक होकर
जिस स्थान पर खड़े रहे
वह आधार शिला ही चूर-चूर हो गई
अब अपने पैर कहाँ जमाओगे?

श्रीफल

कुछ ऐसे रिश्ते होते हैं
जिनके चिह्न रक्त की कोशिकाओं पर
अंकित नहीं होते
किन्तु रक्त का रंग लाल उन्हीं के कारण होता है
उन्हीं से मिलती है धड़कती धमनियों को लय
उन्हीं से बनता है श्वासोच्छवास सार्थक

किसी जंगल के पवन की गति के समान
अथवा
घने अंधकार में खिन्न एकाकी तारे के समान
ये अनाम रिश्ते
किसी शिशु की मुट्ठी में कसी हुई उँगली के समान
होते हैं ये रिश्ते आश्वस्तिदायक
सूखी त्वचा पर बरसनेवाली बूँदों की तरह जीवनदायी

घोषित-अघोषित कैसे भी हों
ये रिश्ते
जीवन के संकट को सहने का बल देते हैं
ये रिश्ते होते हैं
विगत और आगत को श्रीफल में बदलनेवाले

साथ

यथार्थ की निष्ठुरता को सहज स्वीकारनेवाली
स्वप्न कोमल आशा से भरी उम्र पीछे छूट गई
और अभावों की धरती पर चलते-चलते
नये दिन सजाने की शक्ति भी समाप्त हो गई
फिर भी कोई दुर्लभ मुस्कान पल्लू में बाँधे रखने की
मेरी आकांक्षा अभी भी बनी है।

मुझे याद आती है वनवासी कृष्णा की
गंधमादन पर्वत पर अतिसुवासित कमल
जब उसके हाथों में आये
तब निश्चय ही उसकी आँखें भीग गई होंगी
मैं स्वयं को समझाती हूँ
सुख को अपना बनाने की शक्ति संचित करती हूँ
मेरे आस-पास रहनेवाली
कोई न कोई स्त्री मेरा साथ देती है

चिह्न

इस जमीन की दरारों के नीचे गहराई में
मिट्टी की परतों के नीचे
ढँकी होंगी कुछ यादें
हरे-भरे जंगल की, सरसराते पत्तों की
पहले श्याम मेघों की
मिटती दरारों की
अनुगूंजित बाँसों की सिहरन की
सहने की शक्ति पर
रिमझिम बरसते नभ के शुचि स्नेह की
अंन्यथा
इतनी कड़ी धूप में झुलसते समय भी
धरती ने ऐसी मुट्ठी भर हरियाली
बचाकर न रखा होता
गुलमोहर की लाल ज्वालाओं के लिए
यह छोटा सा चिह्न
सारी बेचैनी को सहने के लिए
क्या पर्याप्त नहीं है?

बन्द अधरों से

बन्द अधरों से प्रेम जितना कुछ नहीं दिया
दुःख जितना बन्द अधरों से कुछ नहीं लिया

पैरों पर आया अनायास पंथ छोड़ दिया
खोजती रही समूह बिछुड़ा शुक शावक
एक तू मिला जिसने
किसी ठौर स्थायी निवास न किया

दुख में मानव सच्चा मनुष्य होता है
किन्तु
सुख से उद्भ्रांत सभी जन के उन्मत्त गीत
याद रहे निसिवासर भूल नहीं पाई

शपथ नहीं चाहा न जरूरत थी आश्वासन की
पूरा जगत अपने में कील सा चुभोना
जीवन में कभी नहीं मैंने नकारा

इसीलिए फिर
बन्द अधरों से कविता के सिवा
कभी कुछ गाया नहीं
बन्द अधरों से जीवन जीने के सिवा
कभी कुछ सहा नहीं।

चरित्रहीन

इस चरित्रहीन युग के अँधेरे में
धर्मांध भूतों का तांडव
और आत्माघाती क्रियाओं में
नशा चढ़ जाता है यश का
उसी के जयघोष की बढ़ जाती है मस्ती

विसंवादों से ठिठुरी
इस दीर्घ रक्तहीन निशा में
मनुष्यों की जड़ें, मूल्यों के मूल रूप
मिट गये हैं
सारे विद्रूप, व्यभिचार गुप्त रूप से
जाग्रत हैं।

किन्तु तुम आओगे
तुम आओगे इसीलिए मैं बन गई हूँ
सतत जागरण
मिटते हुए प्रत्येक क्षण के दरवाजे का वंदनवार
तुम सिर्फ लेकर आओ
फिर देखो स्वयं ही
पेड़ों, प्राणियों, पंछियों की तरह
मनुष्य भी आ जायेंगे
उनका नया विश्व निर्मित होगा

फिर पूरब के क्षितिज में, ताजे कच्चे आलोक
के लिए, उन गोपालों की भीड़ होगी

इस चरित्रहीन अंधकारयुग की वीरानी में
एक नया गोकुल निर्मित होगा
उसी में से कोई गोप
अंधे की गायों की रखवाली के लिए
आगे बढ़ेगा।

जब सैनिक पुल लाँघता है

युद्ध के लिए निकला सैनिक धीरे-धीरे
पुल को लाँघता है
पीछे छोड़ देता है पिता की छाती जैसा गाँव
माँ की आँखों जैसी बहती नदी
और प्रियजनों की सदिच्छा सी
अज्ञात किनारों की ओर बहती कोई नाव

किसी बूढ़े पहाड़ रीढ़ की हड्डी
पीछे छूट जाती है
पीछे छूट जाता है भरे-पूरे खेतों का
समृद्ध वैभव
प्राणवान परिसरों के छोटे-छोटे घर
धीरे-धीरें बिन्दुवत हो जाते हैं
कोई गतिमान पगडंडी क्षण भर दिखकर
ओझल हो जाती है।

सुर्ख लाल कुमकुम सा
वंदनीय सूर्य जब अस्ताचलगामी
किरणों से स्पर्श करता है
तब सैनिक संवेदनशील होकर दुख-दर्द पी लेता है
पश्चिम में हँसते किसी गोल मटोल बादल को
देखकर गद्‌गद हो जाता है

सैनिक निर्द्वंद्व हो पुल को लाँघता है
धीरे-धीरे चारों ओर घिरते निष्ठुर अंधकार में
दृढ़गति से चलता रहता है
और जिजीविषा से युक्त निर्भीक छाती से
प्रलय की निर्दय क्रूरता का सामना करता है
सैनिक लाँघता है पुल को...

प्रेम मेरे पास

अपने में सीमित स्वार्थी लोग
कोई भी अवसर पाते ही झपट्टा मारते हैं
अपने बड़े-बड़े दाँतों को निकालते हुए
अपनी लालसाओं को फैलाते रहते हैं
किन्तु उन्हें मिट्टी में जमकर
पौधों का बढ़ना रास नहीं आता।

कभी मनुष्य को अपनी अपेक्षा दूसरों
को सुखी करने की इच्छा होती है—
इस पर उनका विश्वास नहीं होता
स्पर्धा के परे के आनन्द से
वे अनभिज्ञ होते हैं
उन्हें स्वीकार नहीं प्रेम का बंधन
मासूम संकल्पों से अपनाया भोला स्वप्न
उन्हें लगता है पागलपन।

रक्त पिपासु मनुष्य
प्रयोग में लाते हैं सारे विकारों के बुनियादी शस्त्र
और करते हैं अविराम युद्ध-क्रीड़ा
स्वाभाविक श्वासोच्छ्वास की तरह
अविचल रूप से

किन्तु मैं आज भी स्वीकार नहीं कर पाती
मृत्यु का विकल्पहीन होना
निश्चित नहीं कर सकती जन्म-जन्मान्तर का भविष्य
और नहीं कर सकती
जीवन के मर्म पर विषैला शर संधान
क्योंकि उनके पास युद्ध है
मेरे पास प्रेम

लगन

रेखाओं में अबद्ध तेजस्वी काया
अवयव के नाजुक तम की कठिन वक्र माया
उन्मीलित परिमल की ज्यों हो मृदुल गंध
ज्योति की देहरी पर बुझी बाती अंध
ऐसी विलक्षण समर्पण की रीति

फेंकती मैं दूर कहीं अपनी वीरानी
उमड़ आती जन्मों की प्यास अजानी
रीति-नीति रौंद-रौंद करती पथ पार
आदिम कल्लोलभरा उठता है ज्वार

संपुट सा चमक चमक उठता तब रूप
भीतर अँधेरे में स्फटिक अनूप
उस आलोकित स्फटिक की मुझको है आश
पहुँच सकूँ जिससे उस महाशून्य पास

विकल्पहीन

एक बादल आया सजल और स्याह
उसे मैंने कह दिया दुख
थोड़ी सी रिमझिम बरसात हुई
उसे मैंने मान लिया सुख
मिट्टी भीनी, शांत हुई! उठी सोंधी गंध
उसे मैंने कह दिया मन
घास बढ़ी, ऊँची हरी-भरी प्राणवान
मैंने उसे कहा क्षण
वन्य फूलों के ऊपर तितलियाँ मँडराईं
मैंने कहा उसे स्वप्न रंजन
फिर धीरे-धीरे सब कुछ सूख गया
मैंने उसे मान लिया परिवर्तन
किन्तु अब इस चिरस्थायी शीतलता को
मृत्यु कहना कठिन हो रहा है।
और इस गाढ़ी उदासी के लिए भी
कोई और नाम सूझता तो अच्छा होता।

जीव अटका

कच्ची धूप में अटके प्राण
मुक्त क्षणों में अटके प्राण

भरा पूरा सुख आया, गया भी
बचे अवशेषों में अटके प्राण

अव्यक्त ही रहा प्रेम, सिर्फ सहते रहे
उस पागल मन में अटके प्राण

कभी किसी ने दिल में जलाया था दीप
उसी ऋण में आज भी अटके हैं प्राण

जान गई हूँ मैं कि बिदा लेनी है
फिर भी जीवन में अटके हैं प्राण

याद करते हुए

नटखट हवा की उँगलियाँ फिरती हैं
दरारों भरी मिट्टी की रूखी त्वचा पर
और बूढ़ी माँ का स्पर्श करते समय
उसका हृदय भर आता है।

मिट्टी धीरे से छोड़ती है धूल भरी साँस
जंगल जानबूझकर स्वयं को करता है धूलि धूसर
मिट्टी इसे भलीभाँति जानती है
बेचैन हो उठती है।
और धूप से तपती पुरानी हड्डियों जैसी चट्टानों से
एक गदराती कसक उठती है।

किसी समय आकाश में जामुनी रेखा दिखते ही
वह रोम रोम से उतावली हो जाती है
बादल बरसकर उस पर रिक्त होते थे
और वह नाभि तक उसी नमी को सोखती थी

लंद गये वे दिन
बेचैनी के, खुलेपन के, खिलने के।

इसे याद करते समय मिट्टी के चेहरे पर
पकी घास जैसी हँसी छलकती है
और अपराधी हवा की आँखों की नमी
उसकी गोद में चिपकती रहती है।

कहानी कहते हुए

मैं रोज तुम्हें कहानियाँ सुनाती हूँ
रोज नई नई
नये ढंग से अनुभव करती हर रोज
तुम्हारे लिए अपने आस-पास का विश्व
उसे दुहराती हूँ चमकदार बनाती हूँ।

मेरे शब्द करते हैं जुताई
तुम्हारे मन की
ताकि उग सके भविष्य में उसमें कुछ
जीवन गंध से भरपूर
यौवन की छम छम।

शब्द घेर लेते हैं तेजस्वी मुक्त आकाश
घिर जाते हैं तुम्हारी अस्फुट इच्छाओं पर
संभव है चमक उठें उसी में
चंदासा और झरे स्निग्ध कोमल रस
जीवन के जख्मों को शांत करता हुआ।

अकेली तुम
दृढ़ विश्वास के साथ चलती रहती हो
मेरे शब्दों के आलोक में
उनकी विलक्षण शक्ति से चकित होकर

और मैं मर्माहत
रोकती हूँ दृढ़ता से आँखों का पानी
जीने की लड़ाई में शब्दों की दुर्बलता को
मन ही मन याद करते हुए।

पहचान

वैसे हम परस्पर अपरिचित नहीं होतीं
जब अपने ही पैरों में बजते हैं आनंद के नूपुर
तब हम सब अपने याद करती हैं
बाजार में मिले, किसी एकांत क्षण को, कभी न कभी

हमारी आँखों का मुक्त आकाश मिटाकर
हमारी दृष्टि को गाड़ देते हैं जमीन में हमेशा के लिए
ये लोग अपने ही होते हैं—अपने ही प्रियजन
इसका असहह्य संताप हम सभी अनुभव करती हैं
कभी न कभी

हम अपने पुरुष को अच्छी तरह रखती हैं
उसके खुर-सींगों के साथ
सँभालती हैं गृहस्थी और लीपती-पोतती हैं
दरारों को अपने हृदय के साथ
पेट के आवरण को हटाते हुए
सँभालती हैं अपने रहस्य पेट में

हँसती हैं हम मन ही मन
जगत के उस सयाने पुरुष पर
जो हमें ढूँढ़ते हुए थक गया है
उसे ज्ञात नहीं कि हम इस तरह हँसती हैं

निश्चय कर लिया तो
हम अपनी हँसी से संसार जला सकती हैं
पर हम ऐसा कुछ अपने मन में नहीं ले आतीं

हम एक दूसरे को कितना पहचानती हैं

अंधकार का भीषण बोझ

अंधकार का भीषण बोझ उठाए
स्त्रियाँ सहज भाव से वर्षानुवर्ष चलती हैं
कठोर व्रत के साथ भाव भरी
जीवन का पर्वत चढ़ती-उतरती हैं
कभी भी वे अपने व्रत का त्याग नहीं करतीं
पवित्र हाथों से बोझ को सँवारती चलती हैं

मन में उनके आलोक भरा रहता है
भीतर से धक्का देते रहने पर भी
कभी बाहर नहीं आता
क्योंकि उनके पास होती है
उन्हीं की श्रद्धा की शपथ
इसीलिए वे बंद रखती हैं
आँखें और ओठ
त्वचा के द्वार बंद करती हैं दृढ़ता से
और समझाती रहती हैं कानों को
कभी कुछ न सुनने के लिए।

सचमुच तो एक छोटी दरार काफी है,
भीतर का आलोक सरसराता बाहर निकलेगा
और तब

परंतु उन्हें पता है
इसीलिए स्त्रियाँ प्राण प्रण से अपने को सँभालती हैं
अंधकार का भीषण बोझ उठाए
मौन मुस्कान के साथ चलती रहती हैं।

जानेवाला खाली हाथ नहीं जाता

जानेवाला व्यक्ति अपने साथ कुछ नहीं ले जाता
यह सच नहीं है।
यह भी सच नहीं है उसका सब कुछ पीछे छोड़ना
और अकेले खाली हाथ चले जाना।

जाते-जाते कभी अपने रिक्त हाथों से
उड़ा लेता है अपने स्वजनों की नींद
उठा लेता लेता है किसी का स्वास्थ्य
सहज खींच लेता है व्यक्ति का धैर्य
और संघर्ष का साहस
कभी पैर के नीचे की जमीन का विश्वास
हमेशा के लिए खींच ले जाता है।

उसकी साँसों की अनुपस्थिति में
बहुत कुछ उगने से रह जाता है
उसके स्नेह की नमी के बिना
बहुत कुछ अपनी जगह पर शुष्क हो जाता है
कभी वह संबंधों का
अर्थ चुरा ले जाता है
साथ ही निष्क्रिय यथार्थ से सृजन की
आशा भी चुराता है
कभी-कभी तो वह निरीह बीजों से

अंकुर की संभावना और जीवनी शक्ति
भी अपने साथ ले जाता है।

जानेवाले मनुष्य को कुछ साथ जे लाना संभव नहीं
यह सच नहीं है।

पहचान के परे

पहचान के परे दूसरी ओर
पहुँच गये हैं गाँव के गाँव
यह कब हुआ और कैसे
पता नहीं चला
बदली नहीं हमने पुरानी घर की जगह
नष्ट नहीं की है बाप-दादा की पुश्तैनी जमीन
पराये शहर में पढ़नेवाले बच्चों के लिए
हमेशा खुली रहती थीं गाँव की सीमाएँ
नौकरी के लिए दूर गये संबंधियों के

पीछे कैसे बदलते गये गाँव
सरकते गये अजनबी प्रदेशों की ओर
दीमक लग गई हो ऐसे छीजते गये
यहाँ के पुराने घर
आँगन भरे रहते थे बच्चों से
छोटी दीवार पर होते थे पुरुषों के अड्डे

बीच के कमरे में मूसल से कूटते-कूटते
पसीने से भीग जाता था गीत
पड़ोसिन की हँसी में
घुलमिल जाता था।

नदी के किनार बंधा शात नाव
नदी का किनारा रंगबिरंगे
दुपट्टे फहराता था
मंदिर के घंटों की शीतल आवाज
गूँजती थी दिमाग तक
तब मस्जिद गुंबद से कबूतर
रहस्यमय बोली बोलते लगते थे

अभी तक जो बसता था
दो साँसों के दरम्यान
आज कैसे हो गया वह
सूना श्मशान

सूने घर-आँगन, सब टूटे संवाद
नदी का पानी सड़ी लाशों से बर्बाद
मंदिर-मस्जिद के पास कैसी आवाजें
तोपों बंदूकों के गोली की गाजे?

सारा गाँव चला गया
अमानुष देश में
घुटता है दम जहाँ
जहरीले परिवेश में

खून में समाया जहाँ
एक विकलांग भय

धीमे-धीमे बहुत ही धीमे।

बढ़ती बात

आनन्द विह्वल ताली बजाते हुए छोटी ने पुकारा
'माँ आओ न! देखो न'
देखा हरे प्रौढ़ पत्तों की गोद में
अभी अभी फूटे गुलाबी नव पल्लव
देखा और तुमसे निवेदन किया
हे पेड़ो, पंछियां और फूलो
तुमने मुझे जो आज तक दिया
उसी के भरोसे यहाँ तक आई हूँ
और कृतज्ञता की निशानी के रूप में
इस छोटी को तुम्हारे हवाले करती हूँ
अब इसे बढ़ाने का दायित्व तुम्हारा
क्योंकि जर्जर काल की कंपित पुकार
मैं सुन रही हूँ
और मिटती हुई किसी बात की अपेक्षा
विकासमान जीवित बात मूल्यवान होती है
यह तुम्हीं ने मुझे समझाया है।

समझ में क्यों नहीं आता

चिलचिलाती धूप से
किसी प्रेमिका सी संपूर्ण परिपक्वता सामने आई
और बची-खुची हरियाली को परे हटाकर
घास नखशिख पीली हो गई
टहनी का साथ छोड़ हवा में उड़ते पत्तों को
पेड़ ने विवेक से देखा
और बचे हुए पत्तों को मृदुता से
गिराकर पेड़ पूरी तरह
मुक्त हो गया

संपूर्णता अर्थात समाप्ति के हृदय में
प्रसन्नता से खिल उठना
इसका बोध पेड़ को हुआ, घास को हुआ
पर मनुष्य को क्यों नहीं?

आकलन

डाल से हिलकर
जब पत्ता गिरता है
तब हमें थोड़ा सा
पेड़ का ज्ञान होता है

मिट्टी में मिलता है
घुलता है
मलीन होता है
तब हमें जिंदगी का
थोड़ा सा
आकलन होता है।

निराधार यात्री

प्राणों का दीप जलाये कोई आया
और संस्कृति का अँधेरा आलोकित हो गया
ऐसी कथाएँ सुनते हम बड़े हुए
हमें जन्म से ही सुनहरे पंख मिले
हमारे रंगोत्सवी आकाश में
फैला रहा सूर्य-चन्द्र का आलोक

हमारे दिवस जागृति के थे
वृक्ष जैसे पूर्वजों के डालों से कंधों पर
हम बहुत-बहुत नाचे-कूदे
बिन्दु जैसी धरती को पीछे छोड़ते गये
पंख फैलाकर ब्रह्माण्ड को छू आये

हम अंतरिक्ष के अदम्य यात्री हैं
क्षितिज की कोई सीमा नहीं हमारे लिए
एक समय हमने अकारण
इतिहास को ठुकराया है
और अब पैर रखने को
जमीन नहीं है।

आओ

आओ पेड़ के समान प्राणवान सरसराते हुए
तुम्हारे पास हैं आस्था के हरे पत्ते
फूलों या फलों की शपथ तुम्हें नहीं
बल्कि तुम्हारी बढ़ते रहने की ऊर्जा
सँभालने वाली जड़ें
भूमि में दृढ़ता से बनी रहे।

आओ हवा के समान सहज बहते हुए
तुम्हारे लिए सदा ही मुक्त रहें
नये-पुराने जन्म प्रदेश
तुम्हारा बहना निर्विघ्न रखनेवाला
आकाश तुम्हें निरामय मिलता रहे

आओ सितारे की भाँति उत्कट तेजस्वी
तुम्हें मिले परमतत्व का उज्ज्वल संस्पर्श
आओ निबिड़ तम सा हो तुम्हारे पास
संभावना का विलक्षण परिमल
आओ!

मिट्टी काम की नहीं होती

धीरे-धीरे धुल जाता है
उम्मीदों से भरा सुदृढ़ जीवन
मिट्टी निरर्थक होती जाती है
धीरे-धीरे गल जाती हैं आकांक्षाओं की
दूर तक फैली जड़ें
मंद पड़ती जाती है संकल्पशील कार्यशक्ति
हिलने लगते हैं परिश्रम से निर्मित मूल्यगर्भ आधार
कष्टकर प्यास जीवन सत्व को शांति से सोखती रहती है
मिट्टी भी इसे समझती है।

किसी भी विरोध से निश्चिंत
किसी समय उत्साह से बढ़े हरे-भरे पेड़
हवा में पंछियों की वार्ता में मग्न
कंधे तक घिरे हुए नभ के नीले मेघ
वे एकदम भूल जाते हैं अपने मिट्टी के पैर

मिट्टी को अपना निसत्व होते जाना मालूम है
पर उसे पता नहीं चलता
अपने आचरण को निश्चित करना
वसंत ऋतु रंगीन टीका लगाकर
गर्मी में होनेवाली बरसात का आँचल उड़ाती
अपना पुरानापन सँवारती है

अनजान सी एक बार पुनः बहार का प्रयास करती है
किन्तु रंचमात्र भी सृजन की संभावना नहीं है
यह भी मिट्टी जानती है।

शेष रह जाता है अतीत सुख का पीड़ा बोध
दुखती वेदनाओं का चुपचाप स्वीकार
और पीछे आश्चर्यजनक सर्जन की टकराहट से
टूटे भूतकाल का चमकीला विस्तार

बाँझ जिंदगी में पाँव रखते हुए
सारा भविष्य ही कितना बेचारा हो जाता है
यह भी मिट्टी जानती है
बार-बार किसी तप्त मुद्रा सी
अतिशय संतप्त होकर जानती है।

क्या होता है?

इतनी अनगिनत सद्भावनाएँ जन्म लेती हैं मन में
अपरिचितों के लिए भी कितना मन भर आता है
पंख लगे अंगों में शुभेच्छा बसना चाहती है
पर इन सबका क्या होता है बाद में?

किसी फूल की मृत्यु क्या कभी
एक क्षण के लिए भी रुकती है?

अकेले संतप्त करनेवाला दुख आवासहीन
कभी आता है क्या सांत्वना की छाया में?

करुणा से भीगता है कभी रंचमात्र
निर्दयता का तट?
रुकती है क्या कोई विनाश की लहर?

सभी सीमाएँ तोड़कर रगड़ते हुए चलते हैं
सूखे पत्ते से बन गये हैं सारे रिश्ते

मन में उठी सद्भावना का, शुभेच्छा का
आखिर क्या होता है?

होता है क्या आसान?

आसान उस तरह से
अधरों में थोड़ी सी शीतल हँसी
उपचारों को देह पर आदत के शब्द लपेटना
और बहानों के आधार पर दिखावा करते जाना

किन्तु ऐसा कितनी बार
चेहरे की तेजस्वी ताजगी
कम न करते हुए, गर्भ सा दबाये
पेट से उठनेवाले दर्द को
पेट में दबाये
हँसी की कोमल रंगोली रेखा को
समेटे हुए
भीतर से अपने छिलके उतारते हुए
सत्य के समीप जाते रहना
होता है क्या आसान?

भय के आक्रामक पंजे को मोड़ देना
मन को सीधा और पलकें उठाकर रखना
विकसित संबंधों की जड़ों के पास
जम गई होंगी जहर की काली बूँदें
इस वस्तुस्थिति का साक्षात्कार होना?

और अपने भीतर क्रूर अँधेरे का सामना करके
हाथ में लेते हुए उसका बर्फीला हाथ
घोर आक्रांता को ससम्मान निमंत्रित करना?

होता है क्या आसान?
'ना ना' के साथ जन्म जोड़ना
होता है क्या आसान?

सत्य

सत्य क्षेत्रपाल रखवाला भगवान
जिसका धोखे से भी लेना नहीं नाम
उँगली भी दिखाने का नहीं कोई काम

अँधेरे-उजाले की सीमा पर
उठती है उसकी फुफकार
उसको सुन बर्फ सा ठंडा हो जाएगा
उसकी दिशा में जाओ स्वयं को सँभार
हाथ जोड़ सावधान मुड़ते उस ओर

कभी सिर्फ सरसर तो कभी झिलमिलाहट
कभी पुष्पगंध तो कभी है सिर्फ आहट
उलझन अँधेरे की देख न सहमना है
शक्ति लगा उसको सँभालके पकड़ना है
हाथ जोड़ बस उससे इतना ही कहना है

''भूल हुई महाराज पुनः कोप न करना
भूल हुई बच्चे से उस पर कृपा करना
हो सके तो फिर से दिखाई भी न देना''

सत्य ऐस क्षेत्रपाल रखवाला भगवान
जिसका धोखे से भी लेना नहीं नाम
उँगली भी दिखाने का नहीं कोई काम

माँ

किसी को भी कुछ देते नहीं बना
पल्लू में ऐसी कितनी यादों की गाँठें
और छोटे-छोटे फंदे वंचनाओं के
पीड़ादायी घाव करने वाले

तुम नहीं दोष किसी को भी
न ही कभी कोसा भगवान को
शांति से मुट्ठी बंद कर तपती रही
तुम्हारे धीरज को क्या नाम दूँ?

जीवन की चक्की से पिसकर निकली
हँसते-हँसते रेशम का आटा बन गई
माँ! अभी हल्का लगता है पकड़ा हुआ हाथ
सचमुच अब थक गई है क्या?

जो पहना है वह महावस्त्र मेरे लिए
जो झुलाया वह आसमान का झूला
छोटे बच्चे के नाचने की लय पर
उड़ने का अवसर मिलेगा सपनों को
यह सब तुम्हारे पास कैसे पहुँचाऊँ?

अपने सूखते रक्त का रस और रंग
उतरने दे मेरे गर्भाशय में
अपनेपन से निकली ममता को झरने दे
सहजता से मिटने दे एक एक मर्म व्यथा
छोटे बच्चे जैसे शब्द के माथे पर
अपना तैलाक्त हाथ बार-बार फिरने दे।

मिटते संबंधों की कथा

पहले केवल अंकुर
बाहर-भीतर बिल्कुल कोमल
अँखुआने के सुख से पूर्णतया तृप्त

बाद में लहराता पत्ता
बाहर-भीतर हरा-भरा वन

सरसराती उगने की ऊर्जा
जोश का उमड़ता ज्वार
बाद में एक छोटा सा कीड़ा
नुकीला, नुकीले दाँतों की भूख
करता है कलाकारी धीरे-धीरे
समाप्त होता है हर एक पत्ता

धरती के पास न कोई निशान
न उदासी न प्यास
एक मिटनेवाले संबंध की कथा
कहो तो बड़ी, कहो तो छोटी।

पुनः नया

किसी के भी साथ, इन्सान के रूप में
बँधे रहना नहीं आया
कहीं भी दृढ़ता से रहना नहीं आया
न आसमान में, न जमीन पर
न पतन के समय बचाव की पुकार से
और नहीं अपनी उज्ज्वल शर्म से
एक दूसरे के साथ होने वाली मुक्ति
वह भूल गया।
बीतने वाले हर दिन के साथ
उसका पतन होता गया

किन्तु अभी दुखी होने की जरूरत नहीं
गर्दन झुकाकर ऋतुचक्र चलाना...
चलो अपनी भूल पूरी तरह कबूल करते हैं
अपने में ही फिर से अंकुरित होकर देखते हैं।

तोड़े हुए हर पत्ते के साथ
खिलने की व्यवस्था उठेगी
और गिरनेवाले फूल के पीछे
फलनेवाले जन्म की सौगंध होनी चाहिए

जन्म मृत्यु के अंतरिक्ष में
हम ऐसे हो जाएँगे
पेड़ जैसे, घास जैसे
सहजता से बढ़ते जाएँगे

सरल मनुष्य के लिए

भीतर बढ़ रहे अनगिनत घाव
और बाहर नित्य नया युद्ध शुरू होता है
जिस पेड़ का सहारा लिया
उसे दीमकों ने खोखला कर दिया
और हाथ में आएगा हर फल सड़ा हुआ

हम खड़े हैं विनाश के कोलाहल में
रखना चाहते हैं अपनी आत्मा को
स्वस्थ और सुरक्षित
बचाना चाहते हैं अवशिष्ट
लाल रंग की उष्ण स्वतंत्रता
बार-बार जाँचते हैं अपने अहंकार का गोत्र

अपनापन लिए हुए रहता है सिर्फ एक मन
अपने पास
विकास की संभावना, कल की बहार के लिए
विनाश का अंत देखने की गहरी व्याकुलता
और जीने की हठी उमंग अपने में से
किसी सरल मनुष्य के लिए।

शब्द ओढ़कर

किसी ने माँगा तो
कोमल घास की तरह मुट्ठीभर विश्वास
हम दे नहीं सकते
नहीं बचता है खुला आँगन
मन के लिए
हम हो जाते हैं केवल चुटकी भर

आधी उम्र की किसी लड़की का शरीर
पहाड़ की आग में जैसे सब जलता है
उसी तरह जलकर समाप्त होता है
वासना की आग में कैसी विडंबना है?
कुछ न कर पाने की स्थिति में
झोंक देती है स्वयं को ही
किसी का देखकर मरणमोह अपार
सिर्फ भर आती हैं अपनी आँखें
उनके बीच के फूल भी गिर जाते हैं
और बाहर होता है हाहाकार
ऐसे समय में कितने हताश
और कितने निरुपाय होते हैं हम

गिर जाने के भय से व्याकुल पत्ते
अपने भीतर का खोखलापन

घिरते हुए ओढ़ लेंगे
वैसे ही शब्द ओढ़कर
छिपना चाहते हैं
हम कहते हैं कवि हैं।

एक छोटा सा सच

एक छोटा सा कहीं का सच
पीले रंग के छोटे तितली के पंख जैसा
हथेली पर रखकर वह काँपते हुए कहती है
देखो, वह जीवित नहीं रहेगा! नहीं न?
दुख असह्य होने से
अपना गर्दन झुकाती है

मैं पढ़ती हूँ अखबार
उसे परे रख, हँसती हूँ, फिर पढ़ने लगती हूँ
ऐसी वैसी बातों की चिंता मुझे स्वीकार नहीं
कितनी ही महत्वपूर्ण घटनाएँ देश की बाहर की
मेरे सम्मुख आकार लेती हैं

धीरे-धीरे मेरा व्यग्र तनाव बढ़ता है
धनुष की डोरी की तरह
जीवन जीने के अस्वीकार्य पर्याय
मुझे घेरते हैं
कितने ही छोटी-मोटी घटनाओं के
विश्वव्यापी चक्र घूमने लगते हैं, मेरे आस-पास
भयभीत करती है उनकी धीमी अबूझ गति
मेरी सीमाओं के बाहर का विस्तृत जगत में
मेरा कोई अस्तित्व नहीं है

और अस्तित्व है तो भी क्या?
मिटता हुआ एक छोटा सा सच
जिस पर अवलंबित है उसका भोला मन

मैं चौंक देखती हूँ
उसकी रिक्त हथेली, मुझे चिढ़ाती हुई
और वह आँखें बंद किए
खड़ी है चुपचाप।

एक चन्द्र के आभास के लिए

मेरी मिट्टी को कब की लगी नीली अदृष्ट प्यास
जिंदगी पूरी हुई गिरवी पाने चन्द्र का आभास

रक्त मांस मज्जा से उगे शब्द कितने
उसका शैशव है मेरा रूप-गुण पहने

उसकी बाल गंध से जीवन हुआ न व्यर्थ
मातापद साथ मिला स्त्रीत्व को भी अर्थ

ऐसी न थी धन्य यह अब समझ में आता है
जब उर का अंतर नीली प्यास को जगाता है

सिर्फ एक बार गीत वक्ष से लगाये
करती पुकार अज्ञात आभासों को हृदय में छुपाये

कहती हूँ स्वयं से कि ऐसा ही होता है
बढ़ने को शिशु को नाल तोड़ना ही पड़ता है

अभी हो जायेंगे सब गीत तुमसे दूर
बढ़ती आयु के साथ मिलेगा आकाश भरपूर

स्वतंत्रता से बढ़कर उन्हें तुम से बड़ा होना है
पार कर शैशव नई सीमा में जाना है

तुम्हारा चन्द्र आभास बने उनके भाल का टीका
फिर भी स्त्रीत्व करे कष्ठरोध हिय का

तू पूरा धूर्त

नहीं दिया यदि है संवाद का बल
तो फिर यह जन्मजात पागलपन क्यों है?

देना ही था यदि शून्य का अनुभव
तो सर्जन का लोभ क्यों दिया?

सुननी ही थी यदि निरर्थक कहानी
सृजन संवेदना को भीतर क्यों किया?

प्रश्नों के उत्तर नाहक माँगती हूँ मैं
तू पूरा धूर्त है यह ज्ञात है मुझे

इतना ही बस सुनो मेरी आवाज
बंद करो कान नहीं लाज है तुझे

सुभद्रा

सुभद्रा बनकर जगन्नाथ के साथ खड़े होने की बहुत बार इच्छा हुई
लगा कि तब पूर्वी सागर से उगनेवाला सूर्य
मेरे ही माथे पर लगाया जायगा कुंकुम तिलक सा
और तब अस्ताचल में डूबने के बाद
आनेवाला अँधेरा रंच भी भयभीत नहीं करेगा
वर्ष बीतते जाएँगे और फिर मिलेगा नया कलेवर
बैकुण्ठ में पुराना वस्त्र उतारते हुए
मुझे तनिक भी दुख न होगा

केवल लकड़ी बनने से मन हिचकिचाता था
आज इतने वर्षों बाद लगता है
लकड़ी बनना कुछ कठिन नहीं है
परिवर्तित जिंदगी यह काम रोज करती है
किन्तु केवल लकड़ी बनना पर्याप्त नही
क्योंकि ऐसी-वैसी लकड़ी की सुभद्रा नहीं बनती

धारण करना पड़ता है लाल पीला रंग
सहन शक्ति का, निर्लिप्त स्वीकार का, दुखों का, प्यार का
पीला लाल, लाल पीला, उसी में उज्ज्वल रंग
शरीर पर निशान, वह भी पाँच टहनियों के
पंचेन्द्रियों की एकात्म उत्कट नये पत्तों का

तोड़कर, छीलकर लेना चाहिए
रक्त मांस आदि की आसक्ति गल जाती है
तब कहीं आत्मबल से परब्रह्म प्राप्त होता है

यह सब हो जायगा तो एक दिन वह आएगा
अपने अस्तित्व में ही सुभद्रा बन जाएँगे

करुणाष्टक

धीरे से उतरती है सुयोग की ममता
स्वजन, जन धन का दुख जाता है मिटता
शीघ्रता से स्मृति रेख कुहरे में डूबती है
मन में निज कविता आक्रोश शुरू करती है

आँचलभर हवा, आँख में अधेरे की छाया
घर भर झुका मेघ नभ में जा छाया
खनकदार हरा स्वप्न हाथ में जो आया
मिटते-मिटते वह भी रक्त में समाया

क्षण-क्षण के जीवन का प्राणों में संचय
उमड़-उमड़ आता है इन्द्रियों का निश्चय
अनुभव अचरज का स्वप्न दूर किये आया
धीरे-धीरे समझाता कुछ न समझ पाया

सघन होते गये हैं श्याम मेघ काले
उनमें हिलती डर की ज्योत्स्ना सँभाले
जान सगुण शब्द लिए वे भी रहे खाली
दुर्गम मन का दुख करूँ किसके हवाले

पारदर्शी नभ में चन्द्रज्योति जलती है
विस्मृत से छंदों की पुनः प्रीति मिलती है
हृदय की हलचल को किसको दिखायें
पंखहीन अर्थ सभी मन में समाये

झिलमिल क्षितिज भी तट भीग जाता है
रुककर मुड़ मुड़कर अँधेरे का जल बहता है
लाख लाख तारे भी जल में ढल जाते हैं
मन में मुड़ी रचना के रूप नहीं आते हैं

पंक्ति पंक्ति काटने में कितना श्रम होता है
स्वयं गुनगुनाने से गीत नहीं होता है
सहज ही कुछ सूझ जाय भीतर मन में कहीं
एक सरल तरल भाव भाग्य में है क्यों नहीं?

अपने सुख भूल मैं स्तब्ध खड़ी, वर दो
करके असीम कृपा माथे तिलक कर दो
गहरी उदासी है प्राणों में उसे भर दो
दीप जला करुणा का प्रभु प्रकाश भर दो।

प्रारंभ

उस ढलती रात में जब
मुझे नहीं था कोई भान
हल्के से हिले थे ओठ
और हल्के से निकली थी तान

उस स्वर के अँधेरे ने
कोमल पत्तों को सजाया
मन को पत्तों से जोड़कर
मैंने प्रथम गीत गाया

वह गाना कहाँ था? था
सिर्फ नीला रंग
जीवन को समझने का
नीला-नीला प्रारंभ।

नीम

दरवाजे पर नीम का पौधा रोपते समय
उसने हाथों की छाया करते हुए कहा
'मेरा जो भी प्राप्य है वह
इस नीम को मिले'
इस पर हँसते हुए संन्यासी ने
उसके अबोध शैशव के माथे पर
हाथ रखा
और कौओं का एक झुंड
आकाश में शोर मचाता निकल गया

बचपन की ये सारी यादें
भर जाती हैं उसकी जवान नसों में
अब भी
किसी शाम की बेला में
उसके कोमल हाथ नीम के फूल की तरह
अँजुरी बन जाते हैं
और वह उसमें अपना चेहरा छुपा लेती है
निबौरी की मधुर गंध दूर तक पसरी होती है
फिर भी उसे पता है
कौवों के झुंड सुबह शाम नीम पर
आते ही हैं।

अपनी यह कविता

तपती दोपहरी के ताप में
कभी नीली मिट्टी बनती
नूतन आकाश
कभी रचती है नया-नया
नूतन संबंधों को रचती।

पावस की गर्मी के प्रहरों पर
कैसा भी जोर नहीं रहता
झेलना है दर्द स्वयं
अपने ही बल पर
अखिल विश्व मन में हँसता।

अक्षरों के बीज को जगाने
यह मनोज्ञ कैसी ममता?
माटी भी नहीं
और आकाश नहीं
अपनी ही अपनी यह कविता।

अर्पण

तुम मेरे काम्य हो
किन्तु सभी रिश्तों के मनचाहे शोषण से
छिन्न हुए जीवन को
तुम्हें समर्पित करने में घोर लाज आती है
और तुम सब जानकर भी हँसते हो।

कुछ महत्त्वपूर्ण है अवशिष्ट नहीं
तुमको जो कर दूँ समर्पित
मुरझाय मन तो अंधकार भरा
तुम से मिलने का शुभ अवसर
पहला ही मौका है मोद भरा
बाहर सब युक्त है हरा-भरा।

तुम अपनी करुणा के हाथ को बढ़ाकर
मुझको निज हृदय से लगाओ
तुमको समर्पित है जीवन के छिन्न अंश
विक्षत इस पात्र को अपनाओ।

मेरी लज्जा मेरा मुरझाना
और रोम रोम से प्रमुदित होना
अर्पित हो व्याप्त हर दिशा में
व्यापक यह मर्मभरी वेदना
जन्म ले रही है उर अन्तर में
स्वच्छ मृदु अनन्त प्रेम भावना।

कहना है मुझे

कहना है मुझको
आकाश रंग धानी
दूर पर्वतों पर
खेले शुभ्र पानी

यह भी नहीं कहना
कि मिट्टी है काली
घासो की गोद पली
कैसी हरियाली

कभी नहीं कहना
श्रीरंग है अँधेरा
और उसे घेरे
उजाले का घेरा

नहीं, मृण्मय यह काया
मन भीगा सूखा
घायल खग के जैसा
तड़प रहा रूखा

यह भी नहीं कि कुछ
ऐसा वैसा कहना है
हृदय के जो भीतर-बाहर
उन सब को जोड़ना है

भीतर की बूँदें हैं
शब्द को भिगोती
भीतर जस का तस है
बाह्य दशा रीती।

वेदना

मेले में रंगबिरंगी चूड़ियाँ पहनने
जैसा ही था उसका प्रथम गीत रचना
और धवल चाँदनी में साँवले शरीर में सरकना
स्वयं आनंद के समीप चले जाना
सहज था, नहीं थी ज्ञात उसे भावी वेदना

बाद में सब कुछ बदलता गया
ऋतु चक्र प्रभाव से पतझड़ का वन
निरुपाय होता गया
बंजर धरती की उँगली से फिसलकर
मायावी बरसाती बादल चला गया
इसकी करुणा मन पर बरसती रही
और तब गीतों को देखने की
इच्छा नष्ट होती रही
उसकी आवाज अवरुद्ध हुई

अब तो उसके ओठ ही सूख जाते हैं
सिसकी सी भीतर ही साँस अटक जाती है
पारे से शब्द दूर सरक गये
अन्तर में घुटती नीरवता
हृदय कर सके विनीत प्रार्थना

ऐसी नहीं धमनियों में क्षमता
नन्हा सा निबल प्राण उसका
अर्थों की सीमा न कहीं
अब उसकी वेदना का अंत भी नहीं।

मेघ आये कहते कहते

मेघ आये कहते कहते
बरसा धारासार पानी
आँख को बंद यदि किया भी
भीग गई उर की माटी

तुमने बस अँजुरी फैलाई
और नहीं कुछ भी कहा
जैसे कोई नारी कहती है
धारा को अनवरत सहा

ऐसी एकान्त घनी वर्षा में
तुमको नवीन क्या लगता है?
क्षितिजों के पार से है आती
फिर भी हृदय कठोर रहता है

तब भी तुमको रुचिकर लगता है
प्रमुदित करता इसका संग
चढ़ता है नित नवीन चूड़ी सा
दुखों को प्रसन्न हरा रंग

नाम निराला

बलात्कार के लिए प्रस्तुत पुरुष की तरह
एक शाम अचानक शब्द
उसके सामने खड़ा हो गया
और कर दिये बंद उसके मन के सभी द्वार
वह न हिल सकी न चीख सकी
केवल देखती रही उसकी आँखों की हिंसक चमक

मरा हुआ मन तत्क्षण उसका सर्वस्व था
फड़फड़ाकर उड़नेवाली धमनी कल्पना के पंक
छाती को बेध रहा अनजाना भय
तीव्र इनकार एक गले में फँसा हुआ
बुद्धि बनी कपड़ा जो सड़कर गला हुआ
और त्वचा उसकी उन धारदार नजरों को
आरपार जाने का रास्ता है दे रही
झपट पड़ेगा आगे आकर वह अभी अभी
सारी मर्यादा की प्राचीरें ढह रही
संभव है यह भी वह मानी विषधर सा
मेढक को क्रीड़ा का कुछ कुछ अवकाश दे
बचने की इच्छा से वह पहले निश्चय ही
सबल आक्रान्त सामना करेगी ही
किन्तु अंत में जाकर शरण में गिरेगी ही

ऐसे अस्वीकृत संयोग से संभव है
जन्म ले विकृत अधूरे दिनों की कविता
उस जन्म बाद ही
उसका सारा जीवन समाप्त हो जायगा
शब्द सिर्फ नाम का निराला होगा
सभी विधि निषेधों से परे एक आला होगा
किसी एकाकी शाम की
नूतन उत्कण्ठा के द्वार पर
दत्त बनकर खड़ा होगा।

बबूल में फूल आये

बबूल में फूल आये जल्दी करो आली
आती नहीं बार-बार अवसर की लाली
पोंछ डालो अपनी आँखों का पानी
ढक लो दुखों को न करो नादानी
काँटों में फँसा हुआ आँचल छुड़ा लो
फटी हुई जरी की किनारी सँभालो
कभी कभी ऐसा भी होता है
सुख भी काँटे सा चुभोता है
ऐसे में ओठों पर दाँत को दबाओ
चिटकी जो चूड़ी उस हाथ को छुपाओ
जन्म बीते कितने यह सब सहते हुए
फूल ये बबूल के न देखा हँसते हुए
कोई कोई दुख को ही सुख सा बताता है
कुंकुम की लाली में जन्म बीत जाता है
आज यहाँ आयी है यह नयी वेला
पीला स्वर्णाभ देखो यह बबूल फूला
फूलों के नीचे डंक भँवरों का विषारा
फिर भी मनमोर नाचे फैलाकर पिसारा

❑❑❑